Südafrika

EINE HULDIGUNG IN BILDERN

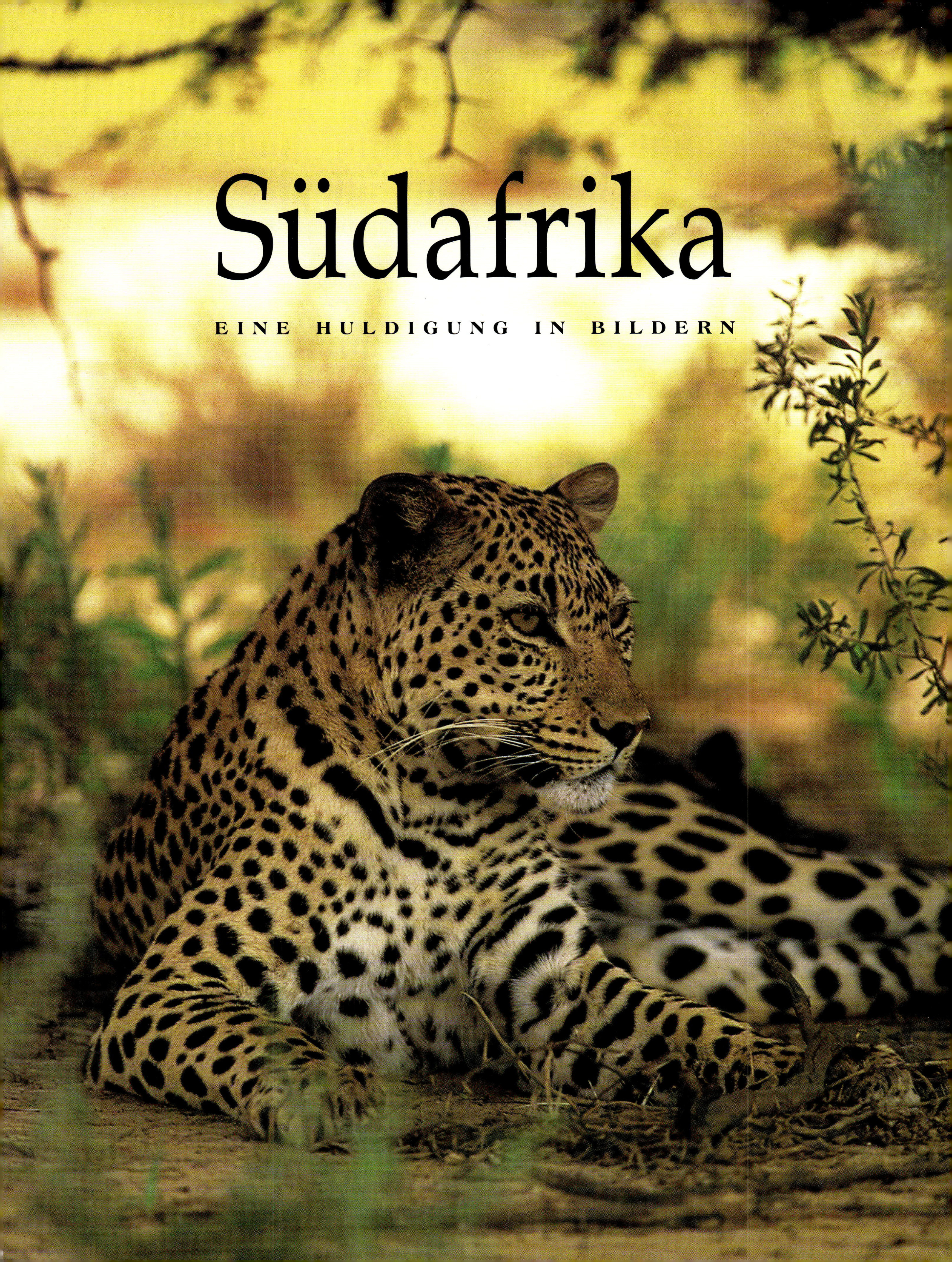

Südafrika

EINE HULDIGUNG IN BILDERN

TEXT: ELAINE HURFORD

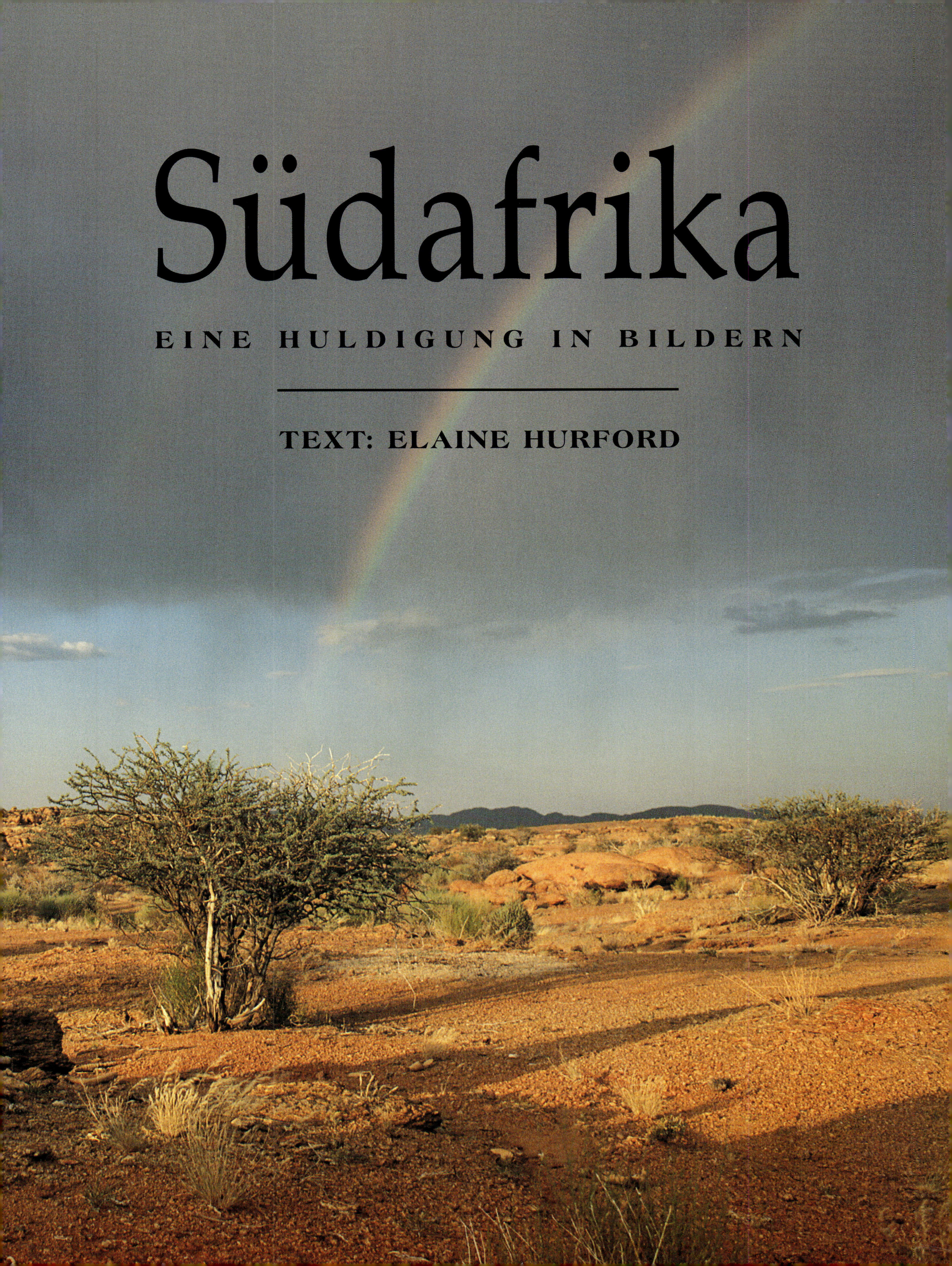

Struik Publishers (Pty) Ltd
(Teil der Struik New Holland Verlagsgesellschaft m.b.H.)
Cornelis Struik Haus
80 McKenzie Strasse
Kapstadt
8001

Reg. Nr.: 54/00965/07

Erstausgabe 1996
Erste deutsche Ausgabe 1999

2 4 6 8 10 9 7 5 3 1

Entwurf: Janice Evans
Entwurf Ass.: Lellyn Creamer
Deutsche Übersetzung: Friedel Herrmann
Schriftsetzerin: Deirdré Geldenhuys
Kartografin: Caroline Bowie
Unter Verwendung von Mountain High Maps™
Copyright © 1993 Digital Wisdom
Reproduktion: Hirt & Carter Cape (Pty) Ltd
Druck und Bindung: Tien Wah Press (Pte) Ltd.

ISBN 1 86872 482 4

INHALT

EINFÜHRUNG

Von ‚dem schönsten Kap im ganzen Erdenrund' bis zu dem ‚grauen, öligen Limpopo' und quer über die riesigen Flächen des Zentralplateaus – ‚eine eigenartige, gespenstische Atmosphäre' ... in Vorzeiten vielleicht das größte von Saurier und anderen prähistorischen Lebensformen bevölkerte Gebiet – ist Südafrika ein Land von atemberaubender Naturschönheit. Gepriesen von Sir Francis Drake, Rudyard Kipling und Sir Laurens van der Post und vielen anderen Schriftstellern, die seinem Charme erlagen, wurde Südafrika ebenso häufig literarisch verehrt, wie in Zeitungsartikeln verdammt wegen politischer Ungleichheiten, deren Wiedergutmachung erst in jüngster Zeit erfolgte. So viel Häßliches und Kleinliches, wie teilweise in seiner Geschichte vorkommt, so viel Großzügigkeit und verschwenderische Schönheit bietet seine Landschaft – ein weites, herrliches Land, wo die Natur erhaben blieb über die Tumulte der Jahrhunderte. Große Persönlichkeiten haben seine Schätze den nachfolgenden Generationen weitervererbt: General Smuts mahnte, daß man nichts abpflücken sollte, sondern ‚verherrlichen und weitergehen'; Präsident Krüger bestimmte als Erster einen Landstrich als Schutzgebiet für die wunderbare Tierwelt; und Cecil John Rhodes vermachte der Nation ausgedehnte Teile von seinem persönlichen Besitz um einen Wildgarten anzulegen. Südafrika ist großartig und kühn – Landschaftsbilder mit kräftigen Pinselstrichen, riesigen Farbflecken, ausgedehnten, menschenleeren Gebieten. Imposante Gebirgsketten umringen das Inland, und zwei der mächtigsten Ozeane umspülen seine Küste. Groß sind seine Tiere und großzügig sind seine mehr als 40 Millionen Menschen. Obwohl Südafrika nur in drei physikalische Teile gegliedert ist – dem Inlandplateau, den Küstenebenen und den abgrenzenden Gebirgsketten – ist es ein Land mit unterschiedlicher Topographie und von großer botanischer Vielfalt.

Oben *Der milde Indische Ozean und die langen Sandstrände machen die Hafenstadt East London zu einem bevorzugten Ferienort für Familien und Wassersportler.*

Rechts *Der Baobab* (Adansonia digitata) *erreicht ein sehr hohes Alter und einen großen Umfang.*

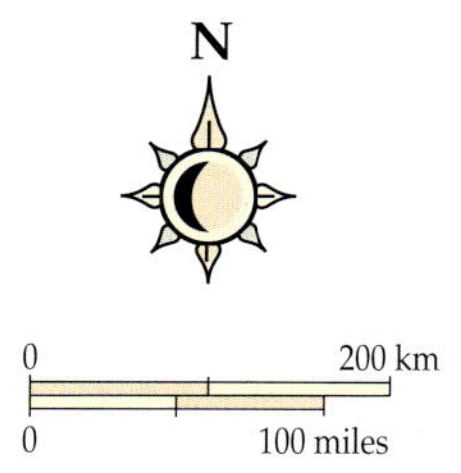

OBEN *Südafrika hat drei vorherrschende physikalische Merkmale: eine riesige Hochebene im Inland, eine schmale Küstenterrasse und eine massive Gebirgswand, die sie voneinander trennt.*

RECHTS *Blütenpracht an der Westküste, wenn im Frühling, August und September, die bunten Blumenteppiche die öde Landschaft bedecken.*

UMSEITIG *Ein Spaziergang bei Ebbe in Muizenberg im Blaugrau des auslaufenden Tages. Zwischen den westlichen und den östlichen Ufern der False Bay erstrecken sich zwanzig Kilometer Sandstrand.*

Im Südwesten ist die Küste wild und zerklüftet, und gegen die hohen Steilhänge donnert die kalte Atlantikbrandung. An der Ostseite ist es beschaulich – weiße Sandstrände werden vom Indischen Ozean umspült und sind von Ästuarien durchsetzt, wo sich Flüsse, die in den Bergen im Inland entspringen und sich dann über steile Felshänge und durch schattige Schluchten ihren Weg bahnen, ins Meer ergießen. Diese Flußmündungen sind komplexe Biotope mit einem ganzen Universum an Lebensformen, die dennoch nur ein kleines Fragment der reichhaltigen Flora und Fauna des Landes ausmachen. Südafrika besitzt viele seltene Gattungen, geschützt in Naturreservaten, die international als vorbildliche Modelle für den Ökotourismus gelten. Eine reine Idylle ist es wiederum auch nicht. Viele ökologisch sensible Gebiete werden durch die ausufernde Verstädterung und Industrialisierung bedroht. Aber es bleibt ein Land, wo der Mensch sich selbst mit der Natur in Einklang bringen und eins werden kann mit der riesigen Energie des Universums. Menschen können aber nicht nur auf geistiger Ebene existieren; es muß Essen auf den Tisch kommen. Wenn auch seine Naturschätze Südafrika zunehmendes Einkommen aus dem Tourismus bescheren, so sind es doch die Minen, die Industrie und der Handel, die Land- und Forstwirtschaft und die Fischerei, die wirklich den Brotkorb füllen. Die Schattenindustrie liefert einen großen Beitrag, indem sie irgendwo zwischen Landwirtschaft und Handel agiert. Das Minenwesen ist mittlerweile von der verarbeitenden Industrie eingeholt worden, aber Gold bleibt der größte Export des Landes und die Grundlage seiner bedrohten Währung. Für Besucher ist dies ein Vorteil; der Wechselkurs macht Südafrika zu einem der günstigsten Urlaubsziele der Welt.

ST-14
OUMATJIE

Kerngebiet der Finanzkraft ist Gauteng, mit Johannesburg als Zentrum; nicht nur für das umliegende Gebiet, sondern für das ganze südliche Afrika. Hier landen auch zunächst die meisten Besucher der Landes. Das elegantere Pretoria ist die politische Hauptstadt und das Verwaltungszentrum des Landes, wo sich die Abgeordneten außerhalb der Legislaturperiode aufhalten. Man sagt, daß die hübschesten Mädchen in Bloemfontein leben, der ‚Rosenstadt' in der Inlandprovinz des Freistaates. Obgleich Pietermaritzburg die Hauptstadt von KwaZulu-Natal ist, ist die wichtigste Hafenstadt Durban, eine der am schnellsten wachsenden Städte der Welt. Kapstadt folgt mit geringem Abstand und ist in letzter Zeit auch zur bevorzugten Zweitheimat für viele gutsituierte Bürger aus aller Welt geworden; auch einige Aristokraten haben ihren Wohnsitz dorthin verschoben. Port Elisabeth genießt den Ruf, die freundlichste Stadt zu sein und hat herrliche Küstengebiete, sowie eine Gruppe von Delphinen, die in der Gefangenschaft geboren wurden.

Dies ist Südafrika – 350 Jahre alt und immer wieder neu – von der kleinen holländischen Niederlassung im 17. Jahrhundert, das den kolonialen Griff der Engländer zu spüren bekam und erst in vehement verteidigte Burenrepubliken aufgeteilt wurde und dann in 50 Jahren nationalistischer Afrikaanerregierung wiederum in ethnisch ausgerichtete ‚Homelands', abgelegene Landgebiete ohne Arbeitsmöglichkeiten oder städtische Zivilisation. Es ist eine Geschichte, wo viele Kriegsrufe ertönten; in einem Land, wo viele Menschen geweint haben. 1994 wieder einmal neu präsentiert als Das Neue Südafrika, ist es noch stets ein Land, wo die Winde der Veränderung heftig wehen, und das wird wahrscheinlich über das nächste Jahrzehnt oder länger so weitergehen.

LINKS *Die Frauen der Ndebele in der Nordprovinz tragen symbolischen Perlen- und Metallschmuck. Das Kupferhalsband, Dzilla, schmückt die verheiratete Frau.*

UNTEN *Zebras sind gesellige Tiere, die sich auch zwischen Elefanten, Gnus und Schwarzfersenantilopen aufhalten. Sie sind weitverbreitet in Südafrikas Nationalparks.*

UMSETIG *Der Palast der Verlorenen Stadt ist das Kennzeichen einer glanzvollen Welt der Unterhaltung am Fuße der Pilanesberge in der Nordwestprovinz.*

KONTRASTREICHE KÜSTEN

An manchen Teilen stürmisch, an anderen geruhsam und friedlich, vom Winde zerzaust oder von subtropischer Sanftheit, wird die Küste Südafrikas umspült – und mitunter umtost – von den Wassern der zwei großen Ozeane, dem Atlantik und dem Indischen Ozean, die am windigen Südkap aufeinander stoßen. Diese dreitausend Kilometer lange Küste bietet beeindruckende Kontraste. Der Einfluß der Ozeane verursacht eine öde Wüstenlandschaft an der Westküste und eine üppige, subtropische Vegetation an der Ostküste. Daraus ergibt sich eine Vielfalt an Ökosystemen, die sich in einer schier ununterbrochene Kette von Meeres- und Küstenschutzgebieten aneinanderreihen. Die meisten verbinden eine bewundernswerte Ausgewogenheit der Erfordernisse für Erholung und Umweltschutz, und einige zählen zu den bedeutendsten Naturschutzgebieten der Welt. Unzählige Arten werden in diesen Schutzgebieten erhalten, von den winzigen Seepferdchen (Hippocampus Capensis) in der Lagune bei Knysna, bis zu der delikaten Languste an der Westküste (Jasus Lalandii) und den Meeresriesen, den Buckelwalen und südlichen Glattwalen, die zwischen Mai und Dezember aus den südlichen Gewässern zur Paarung und zum Kalben in die Nähe der Küste hinaufziehen. Man kann die Wale entlang der 900km-langen Walroute, die sich von Doringbaai im Westen bis zum Tsitsikamma Nationalpark im Südosten erstreckt, beobachten. Eine oftmals tragische Geschichte hat in drei Jahrhunderten Namen wie Skelettküste, Kap der Stürme und Wilde Küste zur Folge gehabt, die an nahezu 3 000 Schiffe und unzählige Menschenleben erinnern, die in den gefährlichen Küstengewässern verunglückt sind. Aber es gibt auch friedliche, schöne Gegenden die zur Erholung und Entspannung einladen.

OBEN *Vor dem kleinen Fischerdorf Paternoster an der Westküste erstreckt sich ein breiter Streifen weißer Sandstrand.*

RECHTS *In der stillen Lagune bei Knysna reflektieren sich die Veränderung des Himmels und der unterschiedlichen Tages- und Jahreszeiten.*

OBEN *Plettenberg Bay bietet eine üppige Komposition der Natur aus Ozean, Flußmündung und bewachsenen Dünen vor dem Hintergrund der Tsitsikammaberge.*

RECHTS *Der Swartvlei-See mündet am östlichen Ende eines geschützten Feuchtlandes, das sich über 35km an der Küste entlang erstreckt, bei Sedgefield in das Meer.*

OBEN *Zwei Sandsteinmassive bewachen den Eingang zur Knysna Lagune. Die Felskuppe auf der westlichen Seite beherbergt ein privates Naturschutzgebiet, wo es eine kleine Anzahl der seltenen Blauducker gibt.*

LINKS *Der Serpentinenkanal schneidet durch die Flußauen zwischen dem Fluß und dem Islandsee bei Wilderness. Die Feuchtlandgebiete ermöglichen eine wunderbare Vielfalt an Wasservögeln.*

90575
33
39
SA39
907

90606
MARTELL
92
90804
It's a Question of Style

VORIGE SEITE *Die warmen Gewässer und der anhaltende Sonnenschein machen Plettenberg Bay zum bevorzugten Ziel der Wassersportenthusiasten. Hobie Cats drängeln sich in bunten Reihen am Hobie Beach, östlich der Robberg-Halbinsel, um eines der jährlichen Wettsegeln auszutragen.*

LINKS *Der Tafelberg ist seit 350 Millionen Jahren ein Kennzeichen der Natur an der südlichsten Spitze des afrikanischen Kontinents. Über 150km weit vom Meer aus sichtbar, vermittelt er seit ewigen Zeiten Schutz für Mensch und Tier und Pflanze und war immer der willkommene Ankerplatz für müde Seeleute, das immerwährende Aushängeschild für Gastlichkeit am Kap.*

UNTEN *Am Fuße der ‚Zwölf Apostel', einer Reihe von Felsvorsprüngen aus Sandstein, liegt einer der herrlichen Kapstädter Strände an der Atlantikküste bei Camps Bay.*

UMSEITIG *Die Küste an der False Bay, einschließlich des beliebten Familienstrandes bei Fish Hoek, sind im allgemeinen günstiger zum Baden durch die wärmeren Meerestemperaturen und die erfrischende Brise.*

ST2
STH53N
GOOD HOPE

VORIGE SEITE *Der Hafen und das Fischerdorf Hout Bay schlummern im Schatten des ‚Wächters' aus Sandstein.*

GANS OBEN *Zwanzig Kilometer weißer Sandstrand liegen zwischen Muizenberg und dem Hafenstädtchen Gordon's Bay.*

OBEN *An der Strandpromenade von Sea Point, mit dem Löwenkopf im Hintergrund, reihen sich Restaurants, Hotels und teure Apartmentgebäude aneinander.*

RECHTS *Luxuswohnblocks und herrschaftliche Privathäuser klettern bei Clifton an der Westseite des Tafelberges empor.*

Vorige Seite *Bunte Badekabinen in Muizenberg erinnern an die Zeiten, wo man sich zum Umziehen zurückzog.*

Oben *Die winzige Ortschaft Vermont – Schlupfwinkel einiger bekannter Schriftsteller – blickt auf eine geruhsame Meereslandschaft hinaus.*

Links *Der einst verschlafene kleine Küstenort Hermanus ist zu einem geschäftigen Erholungsstädtchen herangewachsen und berühmt geworden für die alljährliche Walbeobachtung.*

VORIGE SEITE *Südafrikas nordöstliche Gebiete sind umwerfende Kompositionen aus hohen, bewaldeten Dünen, Ästuarien, Flußauen und Sumpfgebieten, und dort gibt es auch die am südlichsten gelegenen Korallenriffe der Welt.*

OBEN *Während die weniger Bevorzugten in Durbans Innenstadt ihre Arbeitsplätze einnehmen müssen, tummeln sich andere beim Windsurfen auf den Wellen. In diesem subtropischen Gebiet fallen die Meerestemperaturen selten unter 15° C.*

RECHTS *Ein Sonnenstrahl durchbricht die Wolkenfestung und erleuchtet die Goldene Meile von Durban, sechs Kilometer städtischer Vielfalt am Strandboulevard.*

WELT DER BLUMEN

Für ein überwiegend trockenes Land ist Südafrika mit einer überraschend vielfältigen Flora gesegnet – ein Zehntel aller Arten auf dem Planeten Erde. Viele der Blütengewächse müssen ausgeklügelte Strategien entwickeln, um das Klima zu überlisten: gleißende Sonne und bittere Kälte, Wind, Frost, Hagel und mitunter jahrelange Dürrezeiten. Die immergrüne Hartlaubvegetation, Fynbos, die in der Kapflora vorherrschend ist, charakterisiert sich durch kleine, zähe Blätter und holzige Stengel, um die Verdunstung auf ein Mindestmaß zu reduzieren. Die Sukkulenten in den Halbwüstengebieten der Karru speichern kostbares Naß in ihren fleischigen Blättern und Stämmen. Die kurzlebigen Arten der westlichen Strandwüsten durchleben nach der kurzen Regenzeit in wenigen Wochen ihre ganze Entwicklung, vom Keimen über die Blüte bis zur Samenbildung. Andere Arten speichern Flüssigkeit in unterirdischen Knollen. Die meist gefeierte Blütenpflanze ist wohl die Protea, das Symbol für die südafrikanische Flora und von beeindruckender Vielfalt in Größe, Form und Farben. Die Protea ist teil der umfangreichen Artengruppe der charakteristischen Kapflora, Fynbos, zu der auch Eriken, Reetgewächse und Heide gehören. Allein auf dem Tafelberg wachsen 1 400 der 22 000 Blütengewächse des Landes, und dieses Gebiet ist das Herzstück des kleinsten und artenreichsten der sechs Florenreiche der Welt. In der Frühlingszeit im Namaqualand verwandelt sich das Land in einen Märchengarten: Lithops, Mittagsblumen und Crassula stoßen ihre Blüten durch das eintönige Winterkleid, und die Ephemeren durchleben einen weiteren kurzen, aber leuchtenden Lebenszyklus.

OBEN *Breitblättrige Rohrkolben* (Bulbinella latifolia) *produzieren im Frühling fieberhaft Blüten. Der klare, gallertartige Inhalt der spitzen Blätter findet in der Medizin vielfach Verwendung.*

RECHTS *Die Pflanzen der Kleinen Karru zeigen deutliche Anpassung an ihre Umwelt. Aloen, von denen es 140 einheimische Arten in Südafrika gibt, speichern Flüssigkeit in ihren zähen Blättern.*

OBEN *Der erste Sommerregen bringt neues Leben im Kruger Nationalpark mit kurzlebigen Blüten, wie dieser roten ‚Giftknolle'* (Ammocharis coranica), *und frischem, grünem Laub an Baum und Strauch und reichlich guter Weide.*

RECHTS *Recht verbreitet in den ariden Gebieten Südafrikas ist die sogenannte ‚Jahrhundertpflanze'* (Boophone distica), *die aus dem Fächer ihrer gedrehten, graugrünen Blätter einen imposanten Blütenkopf hervorbringt. Obwohl die Blätter giftig sind, verwendet man die papierartigen Lagen in der Mitte der Knolle angefeuchtet als Breiumschlag.*

LINKS *Sonnenblumen* (Helianthus annus) *werden im nördlichen Inland über weite Strecken angebaut. Diese fleißigen Blumen, die zur Margheritenfamilie gehören, liefern Erzeugnisse für die Lebensmittel- und Farbenindustrie.*

LINKS UNTEN *Die Wappenblume des Westkaps, die Rote Disa* (Disa uniflora), *kommt nur in einem ganz besonderen Umfeld vor, in feuchten, kühlen Felsspalten an den Wasserläufen. Die Rote Disa ist auf einen einzigen Bestäuber angewiesen, den Schmetterling ‚Table Mountain Beauty'.*

UNTEN *Der Frühling am Kap ist das Fest der Wildblumen, die man über Hunderte von Kilometern an der Westküste bewundern kann. Dieses Blütenfeld entfaltet seinen Frühlingszauber bei Postberg, im Naturschutzgebiet an der Westküste, das im August und September geöffnet ist.*

LINKS *Blühende Sukkulenten verwandeln die Wüste im Namaqualand für einige wenige Wochen im Jahr. Die Vegetation hier enthält viele kurzlebige Pflanzen, die in wenigen, aber sehr farbenfreudigen Wochen Blüten und Saat hervorbringen.*

OBEN UND GANZ OBEN *Obwohl sie einen herrlichen Anblick bieten, deuten die einfarbigen Blumenteppiche im Namaqualand auf geschädigten Boden und unterstreichen die Notwendigkeit für strenge Schutzmaßnahmen.*

UMSEITIG *Zarte subtropische Azaleen wuchern in den höher gelegenen Regionen in Mpumalanga, wo der Steilabbruch ein grünes Umfeld schafft mit dichten Wäldern, klaren Strömen und Wasserfällen, die 1 000 Meter über dem Meeresspiegel liegen.*

Der Nektarvogel (Nectarinia chalybea) *mit seinem farbenfreudigen Gefieder verweilt einen Augenblick auf der prächtigen Paradiesvogelblume* (Strelizia reginae). *Beide sind in Südafrika einheimisch. Die Vögel besuchen die Blumen hauptsächlich des Nektars wegen, aber sie fressen auch Insekten und Spinnen. Der Nektarvogel ist ein häufig angetroffener Bewohner der Küsten- und Fynbosvegetation und der Wälder am Südkap.*

Die Matriarchin der Fynbosfamilie, die Königsprotea (Protea cynaroides), *beherrscht das Florenreich am Kap und ist auch die Nationalblume von Südafrika. Wunderschöne Blütenarten des Fynbos kann man im Botanischen Garten in Kirstenbosch bewundern. Dies ist der einzige Botanische Garten in der Welt, wo es ausschließlich einheimische Pflanzen gibt.*

EIN GROSSZÜGIGES LAND

Südafrikaner mögen die Weiträumigkeit ihrer heimatlichen Landschaften häufig fast blasiert hinnehmen, aber für die meisten Besucher aus dem Ausland ruft dieses endlose Nichts zwischen Himmel und weiten Horizonten oftmals ein fast erregendes Hochgefühl hervor. Obwohl die Großstädte internationalen Standard haben und die industrielle Entwicklung weit fortgeschritten ist, und trotz des Aufschwungs in Investitionen und im Tourismus, gibt es noch riesige Gebiete, die unterentwickelt sind. Mit einer Oberfläche von 1,2 Millionen Quadratkilometer und nur 40 Millionen Einwohnern kann Südafrika es sich leisten, mit Land großzügig umzugehen. Auch wer nur das 376 000km Straßen- und Eisenbahnnetz abfährt, das die wichtigsten Zentren miteinander verbindet, gewinnt eine neue Auslegung von dem Begriff ‚ausgedehnte Flächen'. Viele Kilometer trennen die kleinen Orte und noch viel mehr die großen. Stunde um Stunde sieht man nichts anderes als Weizen- oder Sonnenblumenfelder, einheimische Wälder oder eine schier endlose Landschaft von Hügeln und Tälern mit verstreuten Xhosahütten. Vielleicht steht ein abgelegenes Farmhaus stoisch und einsam auf weiter Flur, oder ein kleines Dorf blinzelt im Sonnenschein, nur ein paar bescheidene Häuschen, die sich um eine Kirche scharen. Ökotourismus und Naturschutz genießen hohe Priorität im Lande und erhalten den guten Ruf, den es sich als Ferienziel bei Generationen von Südafrikanern und Besuchern aus Übersee erworben hat. Millionen von Hektar sind in 17 Nationalparks zu Schutzgebieten erklärt.

OBEN *Nacht senkt sich auf den Kruger Nationalpark. Die Bergseringe* (Kirkia acuminata) *ist ein ziemlich weitverbreiteter Baum in der nordöstlichen Region.*

RECHTS *Der Mzimkulufluß entspringt in den südlichen Drakensbergen, die die Grenze zu Lesotho bilden.*

LINKS *Der untergehende Mond steht im flammendroten Sonnenaufgang bei Berg-en-Dal, einem der Rastlager im südlichen Teil des Krugerparks, das in der Hügellandschaft nordwestlich vom Malelanetor liegt.*

OBEN *Eine reichhaltige Vogelwelt der Buschsteppe lebt am Rooibosrand Stausee im Bateleur Rastlager, das im abgelegenen nördlichen Teil des Krugerparks liegt. Das Rastlager ist nach dem Bateleur (Gaukler) benannt, einem Raubvogel mit langen Schwingen und kurzen Schwanzfedern.*

UMSEITIG *Das Inland der Transkei ist eine Landschaft aus Rundhütten und kleinen Feldern, mit einsamen Straßen und klingenden Ortsnamen in den kennzeichnenden Schnalzlauten der Xhosa Sprache.*

UNTEN *Der Flußlauf des Oranje wird durch eine Reihe von Wasserfällen, Stromschnellen und Furten unterbrochen, und dann stürzt er 56 Meter senkrecht in die Tiefe bei Augrabies, der ‚Stätte des lauten Geräusches'. Bis zu diesem Punkt fließt der Strom 1 600km zu ebener Erde entlang.*

RECHTS *Von den Nuweveldbergen im Karru Nationalpark bei Beaufort West blickt man herab auf die Ebenen der Karru, die sich in der Unendlichkeit verlieren.*

LINKS *Die Gipfel der Swartberge tragen im Winter oft eine Schneehaube. Drei atemberaubende Bergpässe und -schluchten – der Swartbergpaß, Meiringspoort und Seweweekspoort – ermöglichen die Durchfahrt nach Norden.*

GANZ OBEN *Das ‚Swartland' (Schwarzes Land) ist nach einem dunklen Strauch benannt, der heutzutage durch wogende Weizenfelder verdrängt wird.*

OBEN *Die Region des Overberg besteht aus einem schmalen Küstenstreifen und einer Hochebene, wo Weizen, Obst, Rindfleisch und getrocknete Wildblumen für den Export erzeugt werden.*

GANZ OBEN *Ein abgelegener Hof bei Moorreesburg im Herzen der Weizengebiete am Westkap stellt sich dem hereinbrechenden Wintersturm.*

OBEN *Umrahmt von entlaubten Pappeln und den schneebedeckten Swartbergen breitet sich ein Luzernefeld aus. Luzerne wird als Futter verwendet, auch für die wertvollen Strauße auf den Farmen in der Karru.*

RECHTS *Kilometerweit erstrecken sich die Weizenfelder bei Malmesbury, zunächst grün, später gold und schließlich braun, so wie die Jahreszeiten fortschreiten.*

GIPFEL DES FRIEDENS

Ob sie nun durch Erosion gebildet wurden oder als Folge von unterirdischen Eruptionen gleichsam aus dem Erdinnern hervorgepreßt wurden – immer bieten die Berge Südafrikas Zuflucht und Geruhsamkeit, Schutz für Mensch und Tier und sind wichtige Darsteller in der landschaftlichen Inszenierung. Zu diesen Orten des Friedens kommt der Mensch, um in einer Atempause sein inneres Gleichgewicht wiederzufinden. Die Gebirgszüge ziehen sich bogenförmig vom Nordosten bis hinunter zur südlichen Küste und wieder hinauf nach Nordwesten. Diese Gebirgskette ist bekannt als Great Escarpment (Großer Steilabbruch) und wird beherrscht von den Drakensbergen (Drachenbergen), die in der Nordprovinz anfangen, Swasiland umgehen, KwaZulu-Natal durchschneiden und schließlich in den Doloritgipfeln der Berge am Ostkap auslaufen. Im Süden trennen parallel verlaufende Faltgebirge den Küstenstreifen von der Kleinen – und der Großen Karru. Im Westen schließen sich die Zederberge an und dann die Bokkeveldberge des Namaqualandes im Nordkap, deren Abschluß, an der namibischen Grenze, das Naturschutzgebiet in der Gebirgswüste ist, der Richtersveld Nationalpark. Der Steilabbruch hat eine einschneidende Auswirkung auf das Klima, indem er eine Trennwand für den Regen darstellt. Kein anderer Berg ist wohl so bekannt, wie das oben abgeplattete Sandsteinmassiv, das über die Tafelbucht und die Mutterstadt wacht – der Tafelberg. In den vergangenen zwei Jahrhunderten war der Berg zunehmendem Druck ausgesetzt durch die Ausdehnung der Stadt, und er wird heute als das am meisten bedrohte Naturerbe betrachtet.

OBEN *Die höchsten Wasserfälle in Südafrika sind die Tugelafälle im Amphitheater der Drakensberge in KwaZulu-Natal.*

RECHTS *Die Lisbonfälle bei Graskop in Mpumalanga.*

VORIGE SEITE *Im Amphitheater bietet die Natur ihre immerwährenden, großartigen Schauspiele in den Drakensbergen an.*

OBEN *Eine der drei Pforten durch die Swartberge in der Karru ist Seweweekspoort bei Ladismith, wo die schier senkrecht abstürzenden Felsenhänge eine starke Neigung zeigen.*

RECHTS *Der Katbergpaß windet sich durch das beweidete Oberland, den bewaldeten Steilabhang und das grüne Katrivertal im nordöstlichen Kap.*

UMSEITIG *Ein seltener Schneefall hat seine Tupfen auf den Bergen der Halbinsel hinterlassen und ziert den höchsten Gipfel, den 1 113 Meter hohen Maclear's Beacon. Von hier aus kann man die Halbinsel bis Muizenberg, das linksseitig liegt, und Hout Bay, das auf der rechten Seite vom ‚Rückgrat' der Bergkette liegt, überblicken.*

LINKS UND UNTEN *Vom Wetter gegerbter Sandstein aus Urzeiten hat bizarre Formationen gebildet in den Zederbergen am Westkap. Diese 71 000ha Bergwildnis ist nach den stark gefährdeten Bergzedern* (Widdringtonia cedarbergensis) *benannt. Die Ströme und Bergbäche, die abgelegenen Gipfel und versteckten Höhlen bildeten einen sicheren Lebensraum für die San, deren Felsmalereien hier erhalten sind.*

Aufragende Dolomitsäulen – die drei ‚Rundhütten' – stehen oben auf den Sandsteinwällen des 1,5km weiten Blyde River Canyon in Mpumalanga. Das treffend benannte ‚Gottes Fenster' ist ein Ausblickpunkt für einen unvergeßlichen, majestätischen Panoramablick, der Tiefebenen, Wälder, Gesteinsformationen und den atemberaubenden Canyon selbst einschließt.

Das fruchtbare Ceres-Tal mit seinen Obstplantagen wird durch mehrere Bergketten geschützt, die im Winter öfters schneebedeckt sind. Früher war diese Gegend der Außenposten für die Gold- und Diamantschürfer, die gen Norden aufbrachen. Heutzutage ist die Region mehr für Forellenfischen und mitunter auch Skilaufen auf den Matroosbergen bekannt.

DIE TÄLER DER REBEN

Sie symbolisieren geradezu die Geschichte und die Gastlichkeit des Landes – diese weltberühmten Weingebiete, die in solcher Auswahl und Fülle die schmackhaften Erzeugnisse präsentieren, die aus den Reben gewonnen werden. Schön sind sie zu jeder Jahreszeit, wenn sie ihre Flächen abwechselnd in Grün, Rot und Gold bekleiden. Hier und dort sieht man die eleganten Giebel der Gutshäuser, blendend weiß und geschichtsträchtig …einige sind private Wohnhäuser, viele sind jetzt Landgasthöfe mit ausgezeichneten Restaurants oder kleine Museen, die einen Einblick in die Zeitgeschichte Südafrikas gewähren. Über das westliche, und teilweise auch das nördliche Kap ausgebreitet, bieten die Weinberge eine reichhaltige Palette von Weinen, deren Charakteristiken sich aus den 13 Weinbaugebieten ergeben, sei es Tal oder Flachland, arides Küstengebiet oder feuchte Bergschlucht. Am meisten hat die südafrikanische Weinindustrie Simon van der Stel zu verdanken, der von 1679 bis 1699 Gouverneur am Kap war und die Weinberge und die Kellerei auf dem Gut Groot Constantia angelegt hat. Er hat auch Stellenbosch gegründet, zweitälteste Stadt im Lande nach Kapstadt, und die Eichenalleen angepflanzt. Die Weinbaugebiete von Stellenbosch, Paarl und Constantia sind außerordentlich vielseitig und erzeugen eine Auswahl an Weinen, die jedem Gaumen gerecht wird und die hochwertigsten Weine des Landes enthält. Darunter gibt es natürlich auch viele Hausweine, aber es sind vornehmlich die edlen Erzeugnisse, die nach Übersee verschickt oder von den Weinkennern begehrt werden, die auf der alljährlichen Weinauktion auf Gut Nederburg die seltenen Jahrgänge und delikaten Dessertweine ersteigern.

OBEN *Trauben, die an den kühlen Hängen der Constantiaberge geerntet wurden, werden den nächsten Jahrgang im ältesten Weinkeller des Landes hervorbringen.*

RECHTS *Das Franschhoek-Tal ist ein kleines ‚französisches Eck', das vor drei Jahrhunderten von Hugenotten besiedelt wurde.*

UNTEN *Eines der bekanntesten Gerichte im Boland* (Oberland) *verbindet fleischige Wasserpflanzen* (Aponogeton distachyos) *mit Schaffleisch, Kartoffeln und Sauerampfer. Im Frühjahr erntet man in flachen Gewässern diese 'Waterblommetjies'* (Wasserblümchen).

GANZ UNTEN *Das Arbeiterhäuschen reflektiert die ländliche Lebensart im malerischen Franschhoek-Tal.*

RECHTS *Die Laubbäume auf der Straße nach L'Ormarin im Franschhoek-Tal bilden einen farbenfreudigen Schlußakkord des Sommers.*

OBEN *In der örtlichen Genossenschaft werden die guten Weine von Franschhoek präsentiert, die von Chardonnay, Sauvignon Blanc und Semillon bis zu den Rotweinen, wie Shiraz, Merlot, Cabernet Franc und Pinot Noir reichen.*

RECHTS *Der Mittelpunkt der südafrikanischen Weinindustrie liegt in Paarl bei der KWV, in der größten Weinanlage der Welt.*

RECHTE SEITE *Buitenverwachting – ,über Erwartung' – war Teil des ursprünglichen Weingutes von Constantia, Herrensitz von Simon van der Stel, dem Kapgouverneur im 17. Jahrhundert.*

VORIGE SEITE *Der Winter bringt dem Tal des Hexenflusses Schneehäubchen für die Berggipfel und einen goldenen Teppich für die Talsole. Hier wächst das Gros der südafrikanischen Exporttrauben.*

LINKS *Fünf chinesische Kampferbäume, die dreihundert Jahre alt sind, bewachen den Eingang von dem historischen Gut Vergelegen, das jetzt ein modernes Wein- und Obstgut ist. Das herrliche Anwesen mit den bezaubernden Gartenanlagen lockt alljährlich Tausende Besucher.*

UMSEITIG *Ein kleines Farmhäuschen in der Gegend von Robertson, weniger als zwei Autostunden von Kapstadt entfernt, ist typisch für die ländliche Schlichtheit der Kleinen Karru. Robertson ist bekannt für seine guten Weine, Rennpferdgestüte und Rosengärten.*

Oben *Die Weinberge von Wellington erstrecken sich über die unteren Hänge der Großen Drakensteinberge. Wellington ist ein wichtiges Zentrum für Weinforschung.*

Rechts *Auf dem Gut Fairview, südlich von Paarl gelegen, werden Milchziegen für die Käseproduktion gehalten. In dem Laden auf dem Anwesen kann man den berühmten Käse und Wein vom Gut kaufen.*

Rechte Seite *In den Tälern bei Tulbagh haben Winzer die Ernte bei Nacht eingeführt, um das Aroma der Trauben zu erhalten.*

ANTLITZ DER NATION

Eine Nation ist nichts weiter, als die Summe seiner Menschen, und was für eine großartige Summe ist dies in Südafrika: eine reichhaltige Ansammlung ethnischer Gruppen, die hier, wo die Wiege der Menschheit stand, heranwuchs und durch turbulente Entwicklungsjahre – hoffentlich – ein weises Erwachsenenalter erreicht. Für Jahrmillionen lebten die sanften Steinzeitmenschen der San und KhoiKhoi friedfertig miteinander. Jeder ging seiner Lebensart nach, und sie tauschten linguistische Besonderheiten aus und vermischten sich durch Heirat und Brauchtum. Als vor 2 000 Jahren Bantuvölker gen Süden wanderten, hatte ihre Lebensweise anscheinend wenig Einfluß auf die Khoisan. Zu dem Zeitpunkt, als die holländischen Siedler in der Tafelbucht landeten, gab es große, gut gefestigte Stämme in den Inlandgebieten Südafrikas und an der Ostküste. Es waren die Sippen der Sotho, der Tsonga und der Xhosa. In abgelegenen und abgeschirmten Gegenden in den Drakensbergen wuchs das Volk der Zulu zu einer mächtigen Nation heran. Heute ist Zulu die meistgesprochene Sprache unter den etwa 40 Millionen Einwohnern Südafrikas. Über die Jahrhunderte hat der Subkontinent die Ankunft verschiedener Nationen erlebt: portugiesische Seefahrer, holländische Siedler, britische Kolonisten, französische Hugenotten, Vertragsarbeiter und politische Exilanten aus Fernost. Alle diese Menschen haben die Tumulte der Jahrhunderte überlebt, blieben mutig und standhaft und sich selber treu.

OBEN *Für Millionen Menschen der Landbevölkerung in Südafrika bedeutet die Eselkarre einen gewissen Wohlstand und ein nützliches Transportmittel.*

RECHTS *Kinder auf dem Schulgelände einer Grundschule in Gauteng reflektieren den Geist der ‚Regenbogennation'.*

RECHTS *Eine junge Inderin im Hochzeitsstaat. Die indische Bevölkerung Südafrikas liegt bei etwa einer Million und hat eine reiche Vielfalt an Kunst und Kultur in das Gewebe der Nation eingflochten.*

UNTEN *Ein Muezzin, muslimischer Gebetsführer, ruft die Gläubigen zum Gebet. Die Mehrheit der Inder hatten sich in Durban niedergelassen.*

GANZ LINKS *Die Kunstformen der Zulu, die sich vorwiegend in Perlen- und Flechtarbeiten präsentieren, zeigen eine Vorliebe für die Dreiecksform, einzeln oder in Kombinationen, um bemerkenswerte Mitteilungen über beispielsweise den Ehestand auszudrücken.*

LINKS *Sowohl Männer, als auch Frauen können* Sangomas *(Zulu Weissager) sein. Sie durchlaufen zwei bis drei Jahre strenger Ausbildung und treten als Vermittler zwischen den Ahnen und der Gemeinschaft auf. Indem sie deren Wünsche auslegen, sollen sie dazu beitragen, Krankheiten oder Katastrophen zu verhindern.*

UMSEITIG *Ein gutaussehendes Zulu Brautpaar führt im Kulturzentrum Shakaland in KwaZulu-Natal den traditionellen Schmuck vor, der zur Zeit der Brautwerbung getragen wird. Die Sprache der Perlen ist reine Poesie, wobei die unterschiedlichen Farben Liebe, Trauer, Einsamkeit, Eifersucht und das ganze Spektrum der menschlichen Emotionen symbolisieren.*

Oben *Erst wenn eine Xhosafrau eine bestimmte Anzahl Kinder geboren hat, darf sie die traditionelle Pfeife rauchen. Pfeife und Tabak werden in einem verzierten Beutel getragen.*

Links *Verheiratete Xhosafrauen tragen schräg geschnittene Röcke mit Borten besetzt und lange Schürzen; ein ebenfalls schräg geschnittenes Schultertuch wird mit Ocker eingerieben. Weißes Tuch kennzeichnet besondere Gelegenheiten, desgleichen ein kunstvoll geschlungener Turban.*

Die Südsotho (Basutho) leben hauptsächlich in Lesotho, im Schatten der Malutiberge. Diese Pferdekenner haben die trittsicheren Ponies gezüchtet, auf denen Urlauber Reitferien in dem Bergreich unternehmen.

Farbenfreudige Decken sind die Alltagskleidung für Männer und Frauen, sie ersetzen die ehedem getragenen ‚Karosse' (Tierfelle). Die Männer tragen spitz zulaufende Strohhüte. Bräuche und Ritualien werden in einem Museumsdorf für Basuthokultur gepflegt.

OBEN *Frühmorgens duften die Straßen Kapstadts nach frischen Schnittblumen. Die Märkte haben sich über alle Straßenecken und Vororte ausgebreitet. Viele Kunden haben ‚ihre' Blumenfrau, und ein bißchen Handeln ist auch erlaubt.*

LINKS *Malaienfrauen verkaufen nicht nur frischen Fisch, sondern sind auch freigiebig mit Rezepten oder ihren ureigensten Gewürzmischungen für die Zubereitung.*

UMSEITIG *Zur Zeit des Coon Carnival gibt es lautstarken Wettbewerb, wenn die miteinander wetteifernden Truppen sich verkleiden und singend und tanzend durch die Stadtmitte marschieren. Dieser Karneval gehört zum Sommer in der Stadt.*

OBEN *Ndebele Mädchen leben während der Pubertät für drei Monate in Abgeschiedenheit, während sie in die Pflichten einer erwachsenen Frau unterwiesen werden, einschließlich der Kunst der Wandmalerei. Nach dieser Initiationszeit müssen sie die reichverzierte Perlenschürze, den Latz und andere Verzierungen, die als Isiphephetu bekannt sind, tragen.*

RECHTS *Die Wandmalereien der Ndebele wurden ursprünglich nur mit natürlichen Pigmenten ausgeführt, aber seitdem es Geschäfte gibt und Malerfarben erhältlich sind, erscheinen sie in allen Farben des Regenbogens.*

LINKS *Manche Ndebele Frauen können eine Werktätigkeit damit verbinden, daß sie ihre Kunstfertigkeit, ihre Kultur – und sogar ihre Kinder – in einem Freiluftmuseum bei Pietersburg in der Nordprovinz vorführen.*

UNTEN *Nyanga und Berater des Königs der Ndebele, Mjanyelwa Ndimande-Mtsweni.*

DAS REICH DER TIERE

Entlang der östlichen Grenze zwischen Mpumalanga und der Nordprovinz von Südafrika befindet sich ein Gebiet, in dem die größte Konzentration unterschiedlicher Wildarten lebt. Über zwei Millionen Hektar Wildnis im tropischen Tiefland dient ausschließlich der Erhaltung von Tieren zur Freude der Menschen. Da der Kruger Nationalpark über eine solche Vielfalt an Ökosystemen verfügt, bietet er die unterschiedlichen Habitate für eine riesige Palette von Spezies und entspricht seinem Ruf als einer der großartigsten Wildparks in Afrika. Über die Gras- und Mopaneflächen, in Tropenwäldern oder in Galeriewäldern verteilen sich 147 Säugetierarten, einschließlich der legendären Großen Fünf, mehr als 500 Vogelarten und unzählige Schmetterlinge, Fische, Reptilien und andere große und kleine Geschöpfe. Obgleich der Kruger Nationalpark zu den zehn größten Wildreservaten der Welt zählt, ist das Wild in Südafrika keineswegs auf dieses Gebiet beschränkt; verteilt über das Land gibt es noch viele Schutzgebiete und Wildparks, die einen Einblick gewähren in andere Welten der Wildnis. Manche wurden für Vögel oder Meeresleben eingerichtet, andere dienen dem Erhalt einer einzigen Tierart, wie etwa Elefanten, Bergzebra oder Buntbockantilopen. Es gibt auch einige ‚Schutzgebiete für den Nachwuchs', wo bedrohte Tierarten gezüchtet werden, um die Anzahl in den Wildparks wieder aufzustocken. In anderen Gebieten vollzieht sich das Erhalten der Wildarten im Gleichschritt mit den Bedürfnissen der menschlichen Bewohner.

OBEN *Der mütterliche Bärenpavian* (Papio ursinus) *läßt sich von einem anderen Mitglied der Schar das Fell durchgehen. Dieser Liebesdienst ist ein wichtiger Teil des sozialen Verhaltens unter Primaten.*

RECHTS *Der schlankwüchsige Gepard* (Acinonyx jubatus) *ist wesentlich schneller als der Leopard.*

OBEN *In der Löwenfamilie* (Panthera leo) *sind die Weibchen beim Riß vorherrschend.*

LINKS *Der Leopard* (Panthera pardus) *kommt in praktisch allen Wildparks im Lande vor. Ein einzelner Leopard kann mitunter ein weitläufiges Areal in den Bergregionen durchstreifen, und manchmal bewegt er sich in der Nähe städtischer Gebiete.*

RECHTS *Ausgewachsene männliche Löwen verbringen den größten Teil des Tages dösend im Schatten und sind keine besonders erfolgreichen Jäger, vier von fünf Opfertieren entgehen ihnen.*

Oben *Obwohl mitunter wegen seinem eigenartigen Aussehen verspottet, ist das Streifengnu* (Chonnochaetes taurinus) *ein hervorragender Überlebenskünstler, wahrscheinlich dank seiner Beweglichkeit. Die größte Anzahl findet man im Kalahari Gemsbok Nationalpark. Die Jungtiere sind besonders durch Hyänen gefährdet.*

Rechts *Spitzmaulnashörner* (Diceros bicornis) *zählen wegen der anhaltenden Wilderei zu den am meisten bedrohten Tierarten Afrikas. Etwa 400 stehen in Umfolozi-Hluhluwe in KwaZulu-Natal unter Schutz, und einige sind für ein geschlossenes Zuchtprojekt in den Augrabies Falls Nationalpark eingeführt worden. Das Spitzmaulnashorn ist kleiner, aber aggressiver als das Breitmaulnashorn* (Ceratotherium simum).

Umseitig *Zebras sind zähe Tiere und sind in großer Anzahl und weitverbreitet im südlichen Afrika anzutreffen. Am häufigsten unter den drei Arten von Zebra, die in der Region vorkommen, ist das Burchell-Zebra. Zebras sind vornehmlich Weidetiere, aber mitunter äsen sie auch; nie entfernen sie sich weit von einer Wasserstelle, da sie täglich trinken müssen.*

RECHTS *Bei einer Länge von 4,5 bis 5,5m sind Giraffen die geborenen Äser, die sich hauptsächlich von Akazienlaub ernähren und gewöhnlich frühmorgens und nachmittags fressen. In den Wildparks in Südafrika gibt es zwei Arten – die Steppengiraffe* (Giraffa camelopardalis) *und die Netzgiraffe* (Giraffa reticulata). *Die beiden Arten unterscheiden sich durch die Zeichnung.*

UNTEN *An der Wasserstelle sind Giraffen immer von Raubtieren gefährdet und trinken deshalb meistens abwechselnd, um Wache zu halten.*

RECHTS *Büffel* (Syncerus caffer) *bewegen sich selten weiter als 50km vom eigenen Revier und ziehen es vor, bei Wasserstellen zu bleiben. Obwohl sie große Herden von bis zu hundert Kopf bilden, teilt sich die Herde, wenn ausreichend Nahrung und Wasser vorhanden sind. Büffel sind aggressiv, und um Muttertiere mit Kälbern schlägt man möglichst einen großen Bogen.*

UMSEITIG *Afrika in der Nase und im Ohr: die donnernden Hufe der großen Herde Elenantilopen* (Taurotragus oryx) *wirbeln den heißen Staub auf.*

OBEN *Die Spießbockantilope* (Oryx gazella) *ist von auffälliger Schönheit, der Körper in fahlbraun, schwarz und weiß deutlich gezeichnet. Die gefährlichen Hörner kommen bei männlichen und weiblichen Tieren vor und sind eine starke Abwehr gegen Raubwild und Gegenspieler.*

LINKS *Beeindruckende Luftsprünge – bis zu 10m weit und 3m hoch – signalisieren Alarm bei den Schwarzfersenantilopen* (Aepyceros melampus). *Das schwarznasige Impala ist ziemlich rar, aber den schlichteren Vetter findet man in großer Anzahl im Krugerpark.*

Eine rote Kuhantilope (Alcelaphus buselaphus) *in vollem Galopp in einem Wildpark in KwaZulu-Natal. Die Kuhantilope ist oft Beutetier der großen Raubkatzen, der Hyänen und der Hyänenhunde. Stark geringelte Hörner, die aus der Stirn herauswachsen, geben dem Tier einen etwas fragenden Ausdruck.*

Der sanfte Mammut Afrikas, der Elefant (Loxodonta Africana) wird ob seiner zerstörerischen Freßgewohnheiten verdammt und umgelegt, um die Anzahl zu reduzieren; und man verstümmelt ihn für das Elfenbein seiner Stoßzähne. Im Kruger Nationalpark befaßt sich die Forschung mit Geburtenkontrolle und vielleicht wird man demnächst einige der Konflikte zwischen Land- oder Tierschutz beseitigen.

OBEN *Bärenpaviane sind Allesfresser, aber Hauptbestandteile ihrer Nahrung sind Früchte , Wurzeln, Blätter und Knollen. Sie fressen auch Skorpione und Insekten und mitunter auch kleine Wirbeltiere. Die Schar im Naturschutzgebiet am Kap der Guten Hoffnung hat ihre Futtergewohnheiten angepaßt und verzehrt auch Muscheln und andere Organismen, die sie in der Gezeitenzone am Strand suchen.*

RECHTS *Die Fuchsmanguste* (Cynictis penicillata) *hat die possierliche Angewohnheit, sich auf die Hinterläufe zu stellen. Aber der Grund hierfür ist lediglich, um einen besseren Überblick zu haben, zwecks Verteidigung oder Jagd auf kleine Nagetiere und Schlangen.*

LINKS *Der Gaukler* (Terathopius ecaudatus) *ist von dem französischen Entdeckungsreisenden und Naturforscher, Francois le Vaillant, so benannt wegen seiner Flugakrobatik, wobei er auch mit ausgebreiteten Flügeln herumschaukelt.*

OBEN *Ob in Ruhestellung oder im Flug, stets ist der seltene Bartgeier* (Gypaetus barbatus), *der größte Raubvogel Südafrikas, ein majestätischer Anblick. Man findet ihn hauptsächlich an den höchsten Felswänden der Drakensberge.*

Links *Die kunstvoll gewobenen Nester des Kapwebers* (Ploceus capensis) *werden im Röhricht oder an Ästen befestigt und schweben oft über dem Wasser. Der Kapweber (Männchen am Nest in KwaZulu-Natal) ist ein einheimischer Vogel und häufig in Grassavannen und in Fynbosvegetation anzutreffen. Er ist größer als andere Webervögel und hat einen längeren, spitzen Schnabel.*

Unten *Männliche Wellenastrilde* (Amadina erythrocephala) *versammeln sich nach dem Regen in der Kalahari. Die Vogelart ist nahezu einheimisch und weit verbreitet in den offenen Gras- und Buschsavannen in Südafrika und Namibia. Sie ernähren sich von Körnern und treten in kleinen Schwärmen auf.*

Rechts *Den geschützten Afrika-Sattelstorch* (Ephippiorhynchus senegalensis), *einen Besucher aus dem tropischen Afrika, kennzeichnet ein ‚Sattel' am Schnabel.*

Links oben *Brillenpenguine* (Spheniscus demersus) *sind Südafrikas einzige einheimische fluglose Seevögel und werden streng geschützt.*

Links unten *Im Gegensatz zu anderen Schwimmvögeln, verfügt der Kormoran* (Phalacrocorax *sp.*) *nicht über ein wasserabstoßendes Gefieder, daher breiten die Vögel ihre Flügel zum Trocknen aus.*

Oben *Eine große Kolonie von Kaptölpeln* (Morus capensis) *kann man bei Lambert's Bay an der Westküste vom Aussichtspodium beobachten.*

Rechts *Von den beiden südafrikanischen Pelikanarten ist der Rosapelikan* (Pelecanus onocrotalus) *der verbreitetere.*

STÄDTISCHE SCHÖNHEIT

Genauso vielfältig, wie das Umfeld in der Natur präsentiert sich in Südafrika das Umfeld der Baulichkeiten.... eine Mischung aus Einflüssen von nah und fern. Einiges davon ist einheimisch, vieles ist übernommen oder angepaßt, bedingt durch klimatische Umstände, mangelnde Baumaterialien und den Bedürfnissen eines jungen Landes. Die ersten Einwohner Südafrikas, die nomadisierenden Khoisan, lebten im Winter in Felsenhöhlen und im Sommer in Grashütten. Ihre Unterkünfte waren kuppelförmig, wie es weltweit bei den Urvölkern üblich war. Die Xhosa bauten umweldfreundliche Lehmhütten, die halb in braun, halb in weiß gestrichen wurden, um die Hitze abzuleiten oder zu speichern. Die ‚Trekburen', (umherziehende Farmer) bauten Heimstätten aus Flachsteinen, während die Zulus ihre Hütten aus Gras flochten. Sie benutzten einfache Methoden und Material, das in der Umgebung vorhanden war – Schlamm, Gras, biegsame Äste, Steine, Kuhdünger und Lehm. Zur Verzierung haben besonders die Ndebele Wandmalereien in natürlichen Pigmenten zu einer Kunstform erhoben. Als die frühen, holländischen Siedler anfingen zu bauen, haben auch sie einfache, sonnengetrocknete Lehmziegel benutzt, Dungboden mit eingebetteten Pfirsichkernen, große Baumstämme als Tragbalken und Reet und Lehm für Dach und Decken. In ihren Diensten standen geschickte malaiische Handwerker, die besonders den feinen Verputz ausführten. Das hervorragendste architektonische Kennzeichen der frühen südafrikanischen Baustile ist wahrscheinlich der kapholländische Giebel.

OBEN *In reichverzierten viktorianischen Bauten in der Kapstädter Long Street sind heute Antiquitäten- und Bücherläden.*

RECHTS *Die Parlamentsgebäude nehmen einen Teil des Geländes ein, wo Jan van Riebeeck seinen Versorgungsgarten am Fuße des Tafelberges angelegt hatte. Dies ist der älteste Teil der Stadt.*

OBEN *Ein prächtiges Beispiel der kapholländischen Giebelarchitektur, Old Nektar im Jonkershoektal in der Nähe von Stellenbosch, ist auch berühmt für seine schönen Gartenanlagen.*

LINKS *Stellenbosch, der zweitälteste Ort in Südafrika, hat eine Universität, die sich mit der Kapstädter messen kann. Das ausgedehnte Unigelände beinhaltet einige der ältesten städtischen Gebäude, entweder als Wohnheime oder als Lehrstätten, wie etwa das hier abgebildete, theologische Seminar.*

Bei Nacht bietet die Mutterstadt ein Bild funkelnder Schönheit, wenn die Boulevards und Einkaufspassagen einladend strahlen. Historische Gebäude, Geschäftskomplexe, öffentliche Anlagen und selbst das Naturdenkmal, der Tafelberg, werden beleuchtet. Im unteren Stadtgebiet sind die Hochhäuser der großen Öl-, Schiffahrts-, Flug- und Finanzgesellschaften vorübergehend menschenleer, während Restaurants, Kinos und Theater ihre Angebote mit Neonlichtern anpreisen und sich auf das nächtliche Geschäft vorbereiten.

Kapstadt regt sich im Morgengrauen. Der weite Bogen der Tafelbucht ist umsäumt mit den Kennzeichen eines geschäftigen Hafenbetriebes. An der Nordseite der Bucht hat sich die Industrie niedergelassen, und die Südseite gehört dem Handel. Das hochentwickelte Stadtzentrum (im Vordergrund) zwängt sich in den begrenzten Raum zwischen der Meeresbucht und den unteren Hängen des Tafelberges. Ein Großteil dieses Bodens ist dem Meer abgewonnen worden, wobei sich das Stadtgebiet um 300ha kostbaren Grund vergrößert hat

LINKS *Das Museumsschiff Victoria, eine Nachbildung von einem alten Segelschiff, liegt an prominenter Stelle im Victoriabecken der Waterfront. Hinter dem Schiff sieht man die Einkaufspassage, Victoria Wharf, und im Hintergrund das Table Bay Hotel. Mit seiner vielfältigen Architektur und den hervorragenden Einkaufs-, Speise- und Unterkunftsmöglichkeiten, hat die Victoria und Alfred Waterfront dem alten Hafengebiet ein ganz neues Lebensgefühl gegeben.*

UNTEN *Obgleich sie über die Jahre modernisiert wurde, ist die altehrwürdige lutherische Kirche in der Strandstraße im Kapstädter Stadtzentrum schon seit dem 18. Jahrhundert ein Gotteshaus.*

UMSEITIG *Mit der majestätischen Kulisse von Tafelberg und Teufelsspitze im Hintergrund erwacht die Waterfront bei Sonnenuntergang zu einem Ort voll Licht und zauberhafter Atmosphäre.*

BOAT TRIPS

Shell
BOAT
TRIPS
ON
CONDOR
Sealink

OBEN *George, das hübsche Städtchen am südlichen Kap, ist, wie so viele andere Orte, um die niederdeutsch-reformierte Kirche herum entstanden. 1811 wurde die Stadt in dem Gebiet angelegt, das der Naturforscher, Francois le Vaillant, als ‚den schönsten Landstrich in der Welt' bezeichnete.*

LINKS *Das muslimische Grabmal* (Kramat) *auf dem Signalhügel bei Kapstadt ist eines von sechs, die einen ‚geheiligten islamischen Kreis' um die Stadt bilden. Es sind die Grabstätten von frommen Muslimen und Männern gehobenen Standes, Tuans, und man glaubt, daß alle, die innerhalb dieses geheiligten Kreises leben, beschützt werden.*

LIBERTY LIFE
STOP

VORIGE SEITE *Das attraktive Kapstädter Rathaus, das 1905 gebaut wurde, hat eine Turmuhr wie Big Ben in London, nur halb so groß, die jede Viertelstunde anschlägt. Der Turm enthält das größte Glockenspiel im Lande, zum Gedächtnis der gefallenen Südafrikaner vom Ersten Weltkrieg. Es erklang zum ersten Mal am 30. April 1925 zum Besuch des Prinzen von Wales.*

OBEN *Im kolonialen Herrenhaus, Dolobran, das auf einem Hügel in Parktown steht, huldigt man der Opulenz der Stadt Johannesburg um die Jahrhundertwende. Der ursprüngliche Eigentümer, Sir Llewellyn Andersson, entschied sich für den Stil des britischen Architekten, Cope Christie: ‚Sonne, Luft und Licht'.*

RECHTS *Das von Menschenhand geschaffene Schmuckstück der Nordwestprovinz, der Palace of the Lost City (Palast der Verschwundenen Stadt) hat eine vergessene Legende wieder in Erinnerung gerufen und bewirkte eine eigene. Es ist ein Vergnügungspalast von überwältigender Opulenz und zählt zu den namhaften Erholungsstätten der Welt.*

UMSEITIG *Die großen Firmen haben ihre eigenen Paläste im Stadtzentrum von Johannesburg, wo Wände aus Glas oder Granit emporragen, oder Marmorportale auf ein Tohuwabohu verfallener Läden zu ihren Füßen blicken – dem Johannesburg der Vergangenheit.*

VORIGE SEITE *Mondaufgang über Hillbrow, dem Vorort von Johannesburg, der nie zur Ruhe kommt.*

OBEN *Die Bankzentralen verkörpern das Gefühl von Reichtum und Macht im Stadtzentrum von Johannesburg.*

RECHTS *Überschäumende Begeisterung des Sieges explodiert in einem Feuerwerk am Nachthimmel über Ellis Park in Johannesburg.*

UMSEITIG *Gold Reef City, das nachgebaute Minendorf mit alten Banken, Brauereien, Kneipen, einem viktorianischen Rummelplatz und echten Stammestänzen, ist sehr unterhaltsam.*

Volkskas
702
IWISA

VORIGE SEITE *Die Union Buildings in Pretoria wurden von Sir Herbert Baker entworfen, der ein vielgerühmter Architekt des britischen Empire war, und bis zur Vollendung, 1913, hatte der Komplex 1,1 Millionen Pfund gekostet. Die Gebäude sind der Sitz der zentralen Landesverwaltung.*

UNTEN *Pretoria, eine halbe Autostunde von Johannesburg entfernt, ist gefällig angelegt an den östlichen Hängen der Magaliesberge. Im Frühjahr umgibt das Stadtbild ein lila Schimmer, wenn die unzähligen Jakarandabäume im Blütenkleid stehen.*

FOTOLEGENDE

SIL = (Struik Image Library)

Shaen Adey: S133 (oben, SIL); Adrian Bailey: S122 (unten), Gerald Cubitt: S18 (unten), 19 (unten) 57, 73, 90, 97; Roger de la Harpe: S36 (links, SIL), 42 (oben, links SIL) 62 (SIL), 91, 93, 94–95 (SIL); Nigel Dennis: Titelhälfte (SIL), Titel, S7 (SIL), 13, 40, 41 (SIL), 50, 52 (SIL), 53 (SIL), 56,108 (SIL), 109 (SIL), 110 (oben), 111–112 (SIL), 113, 114–115 (SIL), 116 (SIL), 117–119. 122 (oben), 123, 124 (unten, SIL), 126 (SIL), 127, 128–131 (SIL), 132 (unten); Gerhard Dreyer S9, 16, 17, 18 (oben), 19 (oben), 45 (oben, SIL), 45 (unten), 59, 60, 71, 86 (oben), 87, 133 (unten, SIL); Walter Knirr: S14–15, 22 (SIL), 24–25 (SIL), 39 (SIL), 46–47 (SIL), 63, 64–65 (SIL), 72, 80–81 (SIL), 92 (SIL), 96 (SIL), 98 (SIL), 99 (SIL), 105–6, 135, 145 (SIL), 152–53 (SIL), 155 (SIL), 158–59 (SIL); Mark Lewis: S12 (SIL), 104 (SIL), 107 (SIL); Herman Potgieter: S6, 34–35, 37, 54–55, 61, 89, 120–121, 150–51, 154, 156–57, 160, Alain Proust: S32–33, 79, 148–49; Mark Skinner: S10–11, 20–21 (SIL), 23 (SIL), 28 (oben, SIL), 28 (unten, SIL), 29–31, 42 (unten links), 43 (SIL), 44, 48 (SIL), 49 (SIL), 68–69 (SIL), 74 (SIL); 75, 77, 78 (oben, SIL), 84–85, 86 (unten, SIL), 100–101, 132 (oben), 134, 136–38, 139 (SIL), 140–43, 147–8 (SIL), Vorsatzblatt; Lionel Soule: S110 (unten); Erhardt Thiel: S76 (oben, SIL); Hein van Hörsten: S58, 66, 67 (SIL), 70 (SIL), 76 (unten, SIL), 78 (unten), 88 (SIL); Lanz van Hörsten: S26–27 (SIL), 82 (SIL), 102–103 (SIL), 124 (oben, SIL), 125 (SIL).